Fuflball

Färbung Buch

Coloring Pages for Kids

Coloring Pages for Kids
An imprint of Ciparum LLC

Fuflball Färbung Buch

ISBN-10:1-63589-420-4
ISBN-13:978-1-63589-420-2

Coloring Pages for Kids

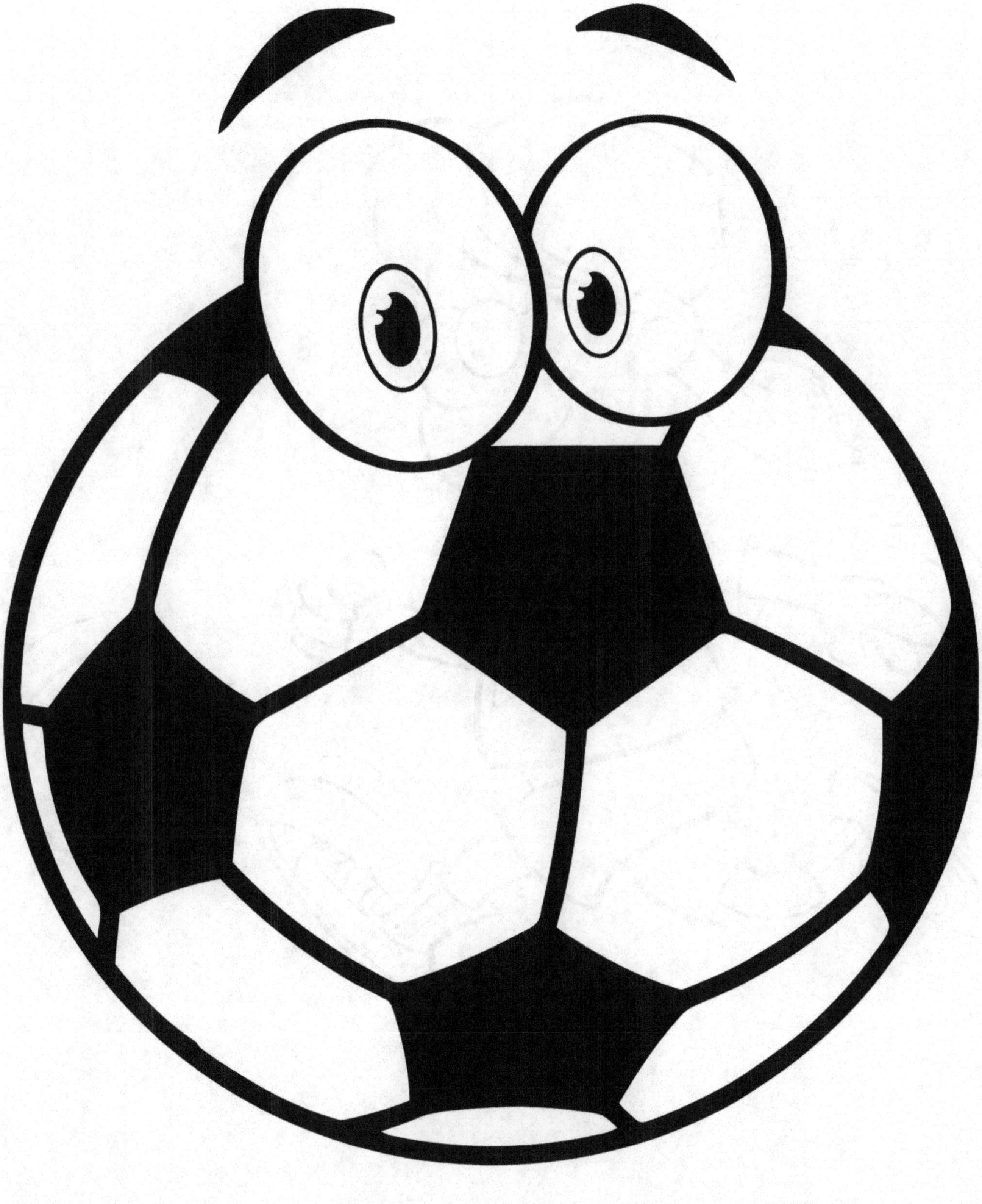

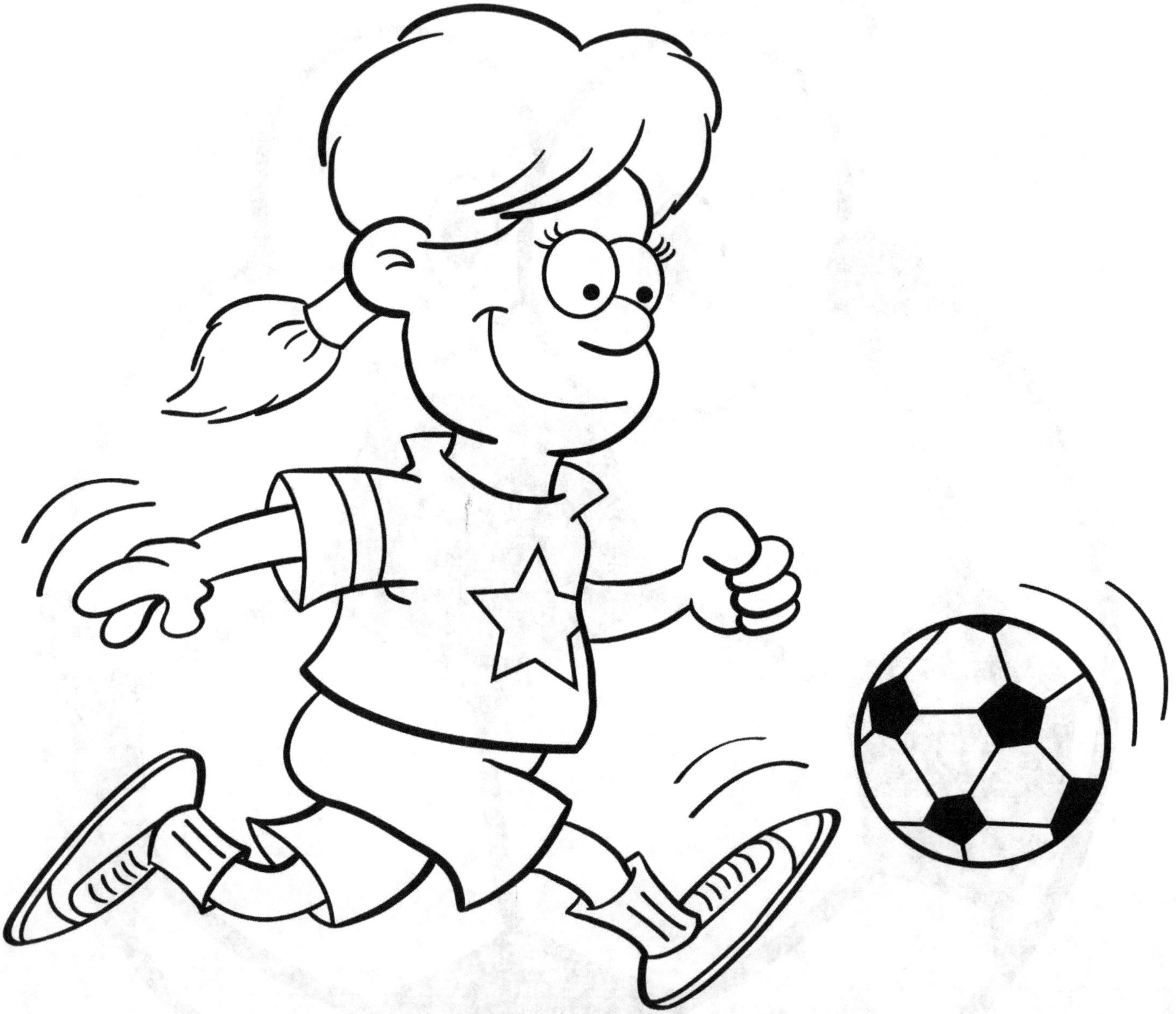

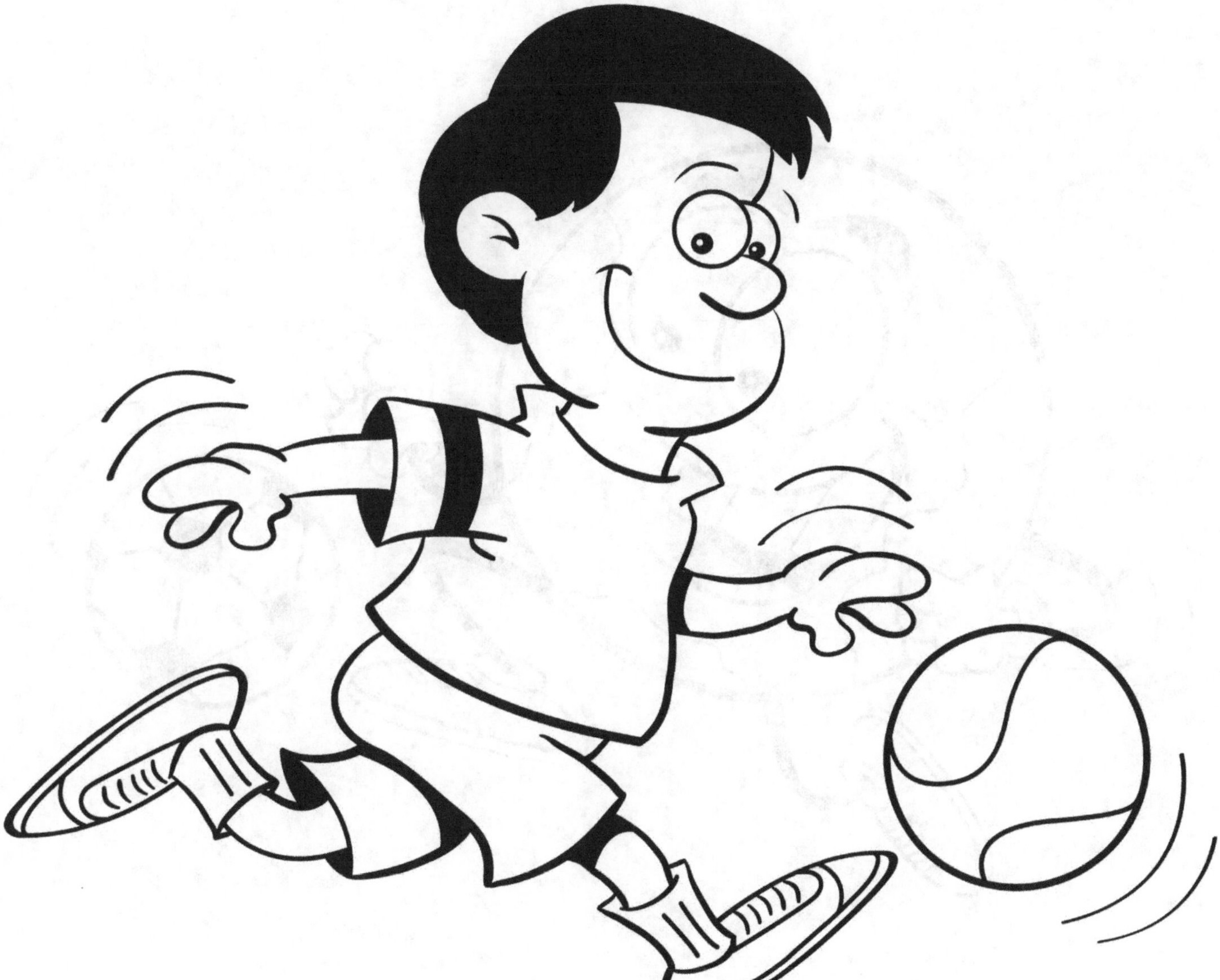

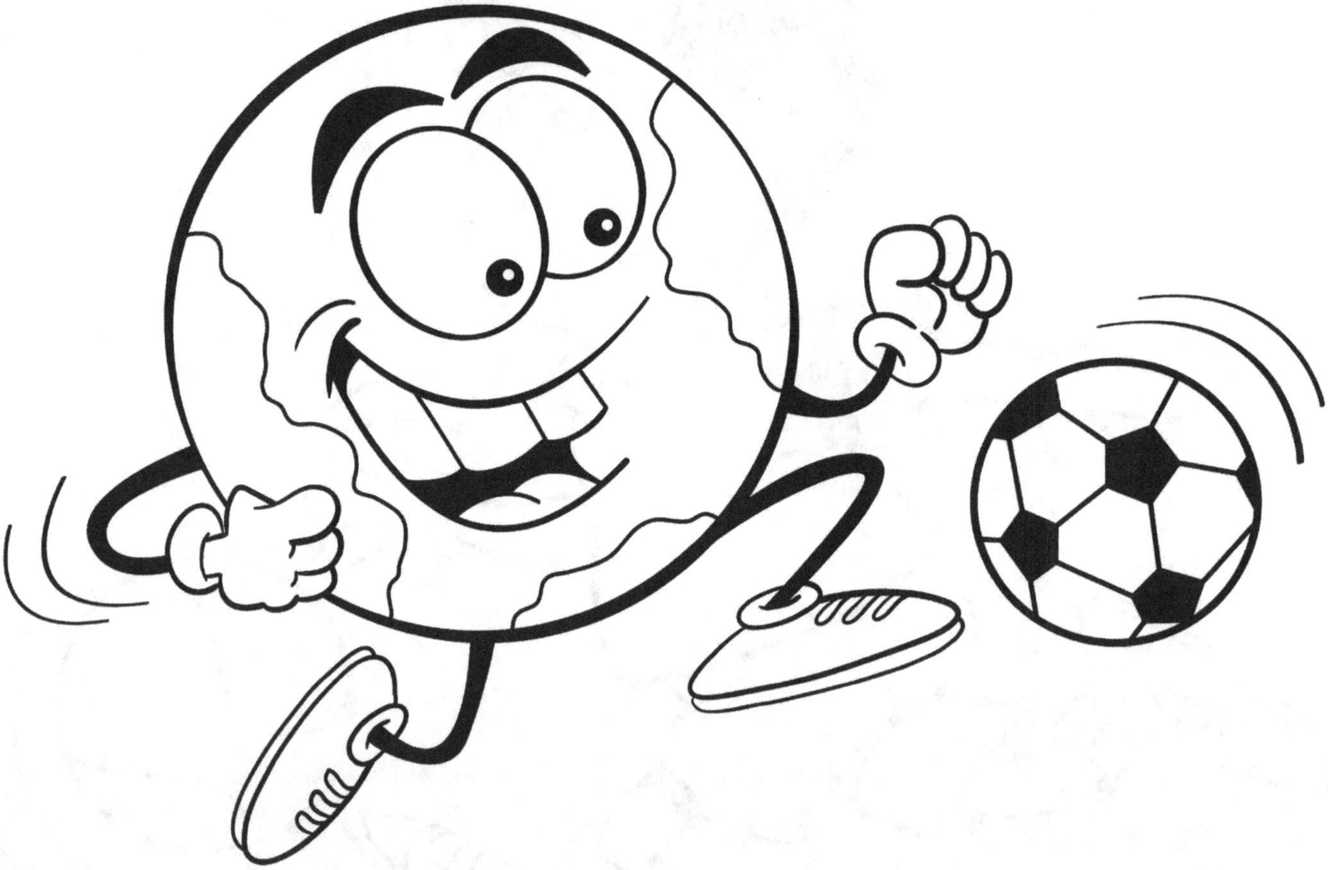

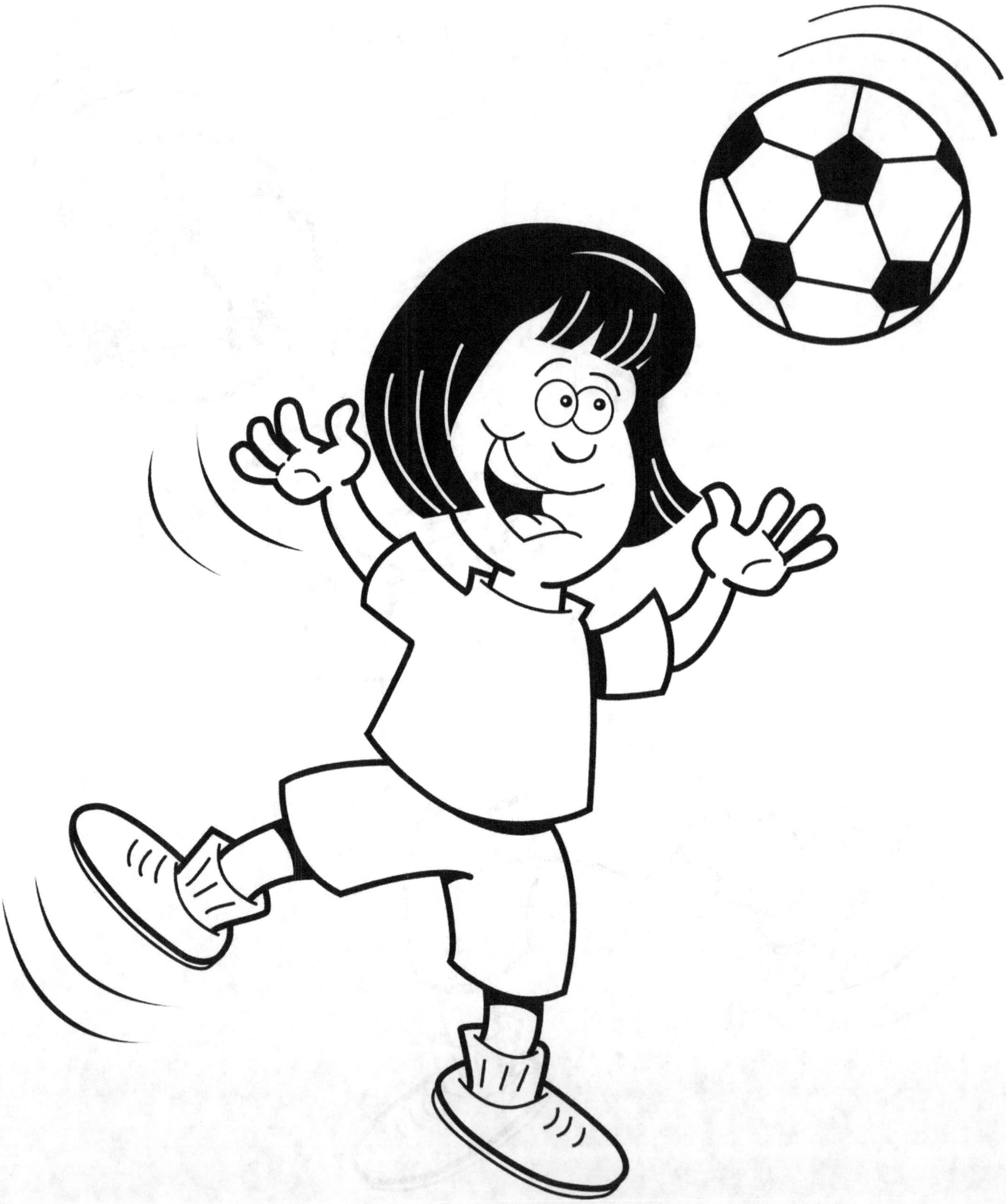

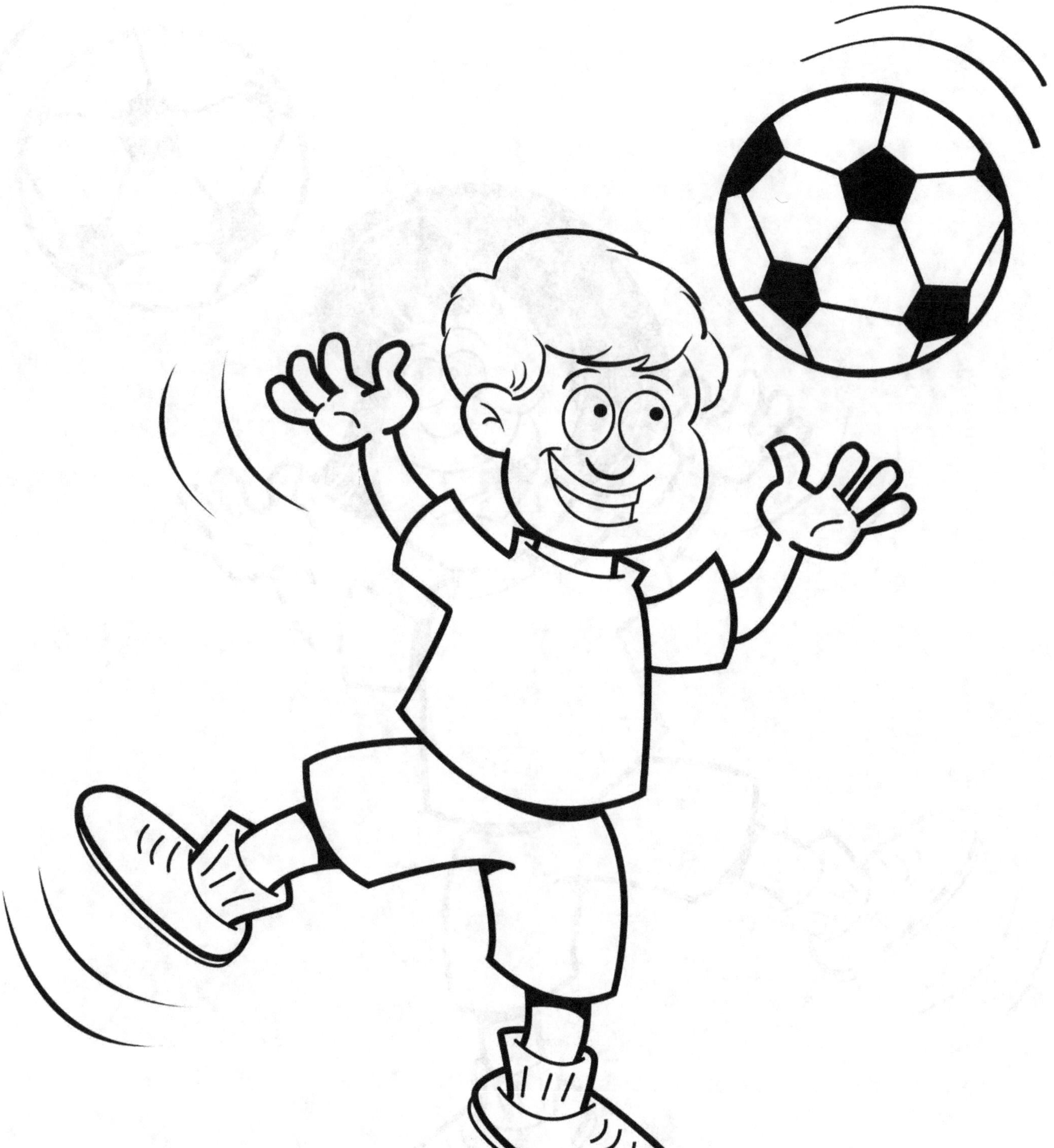

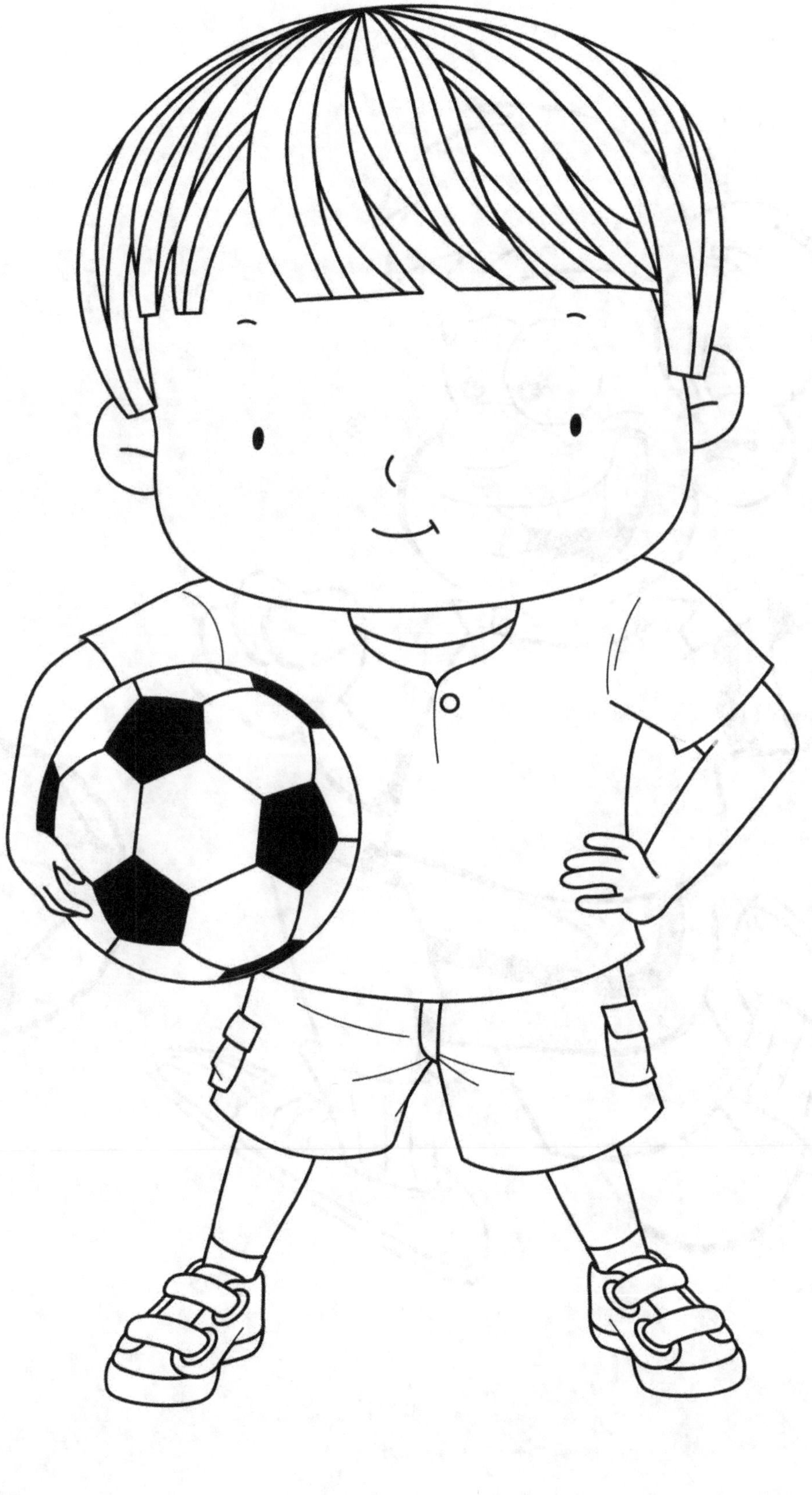

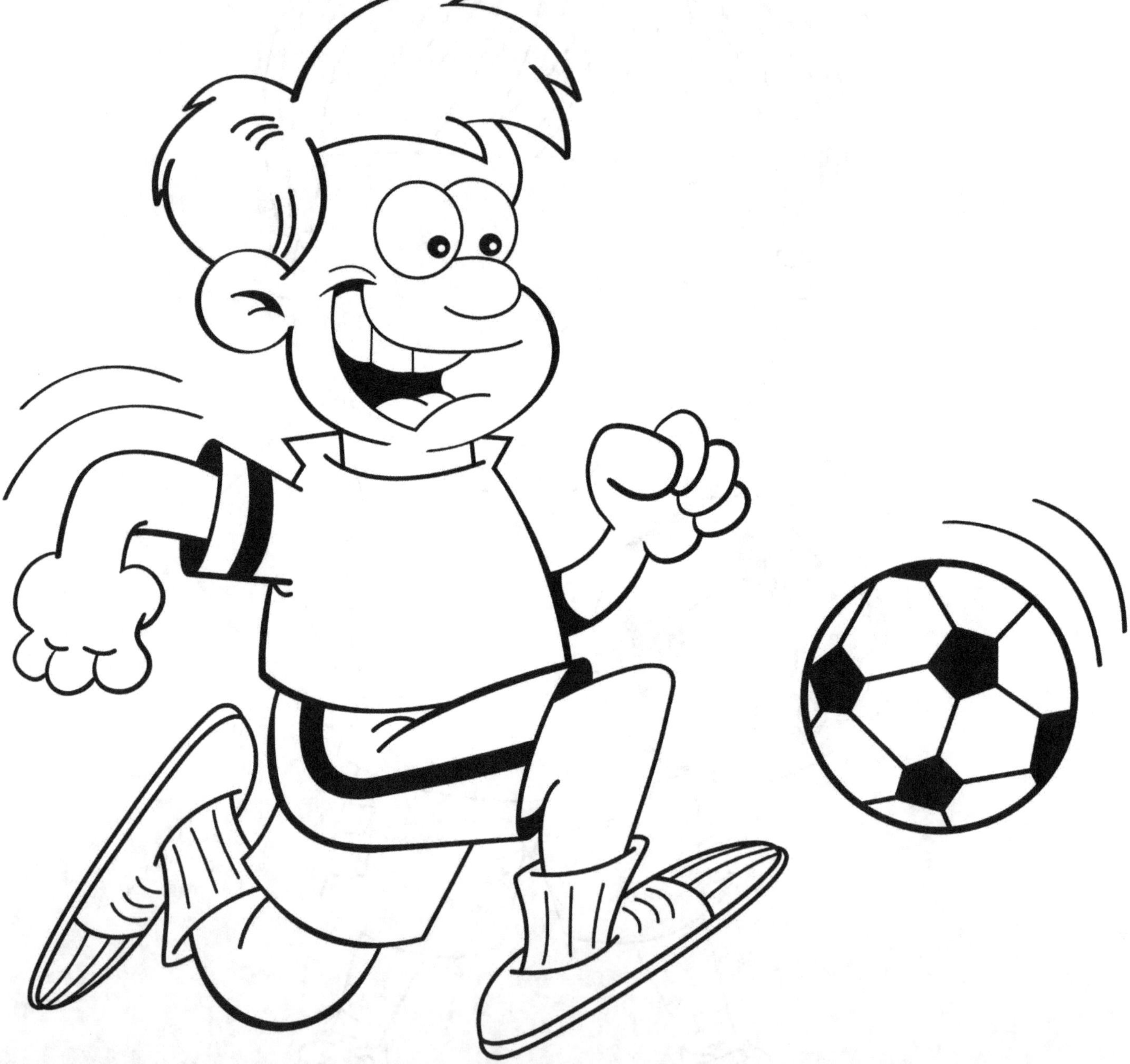

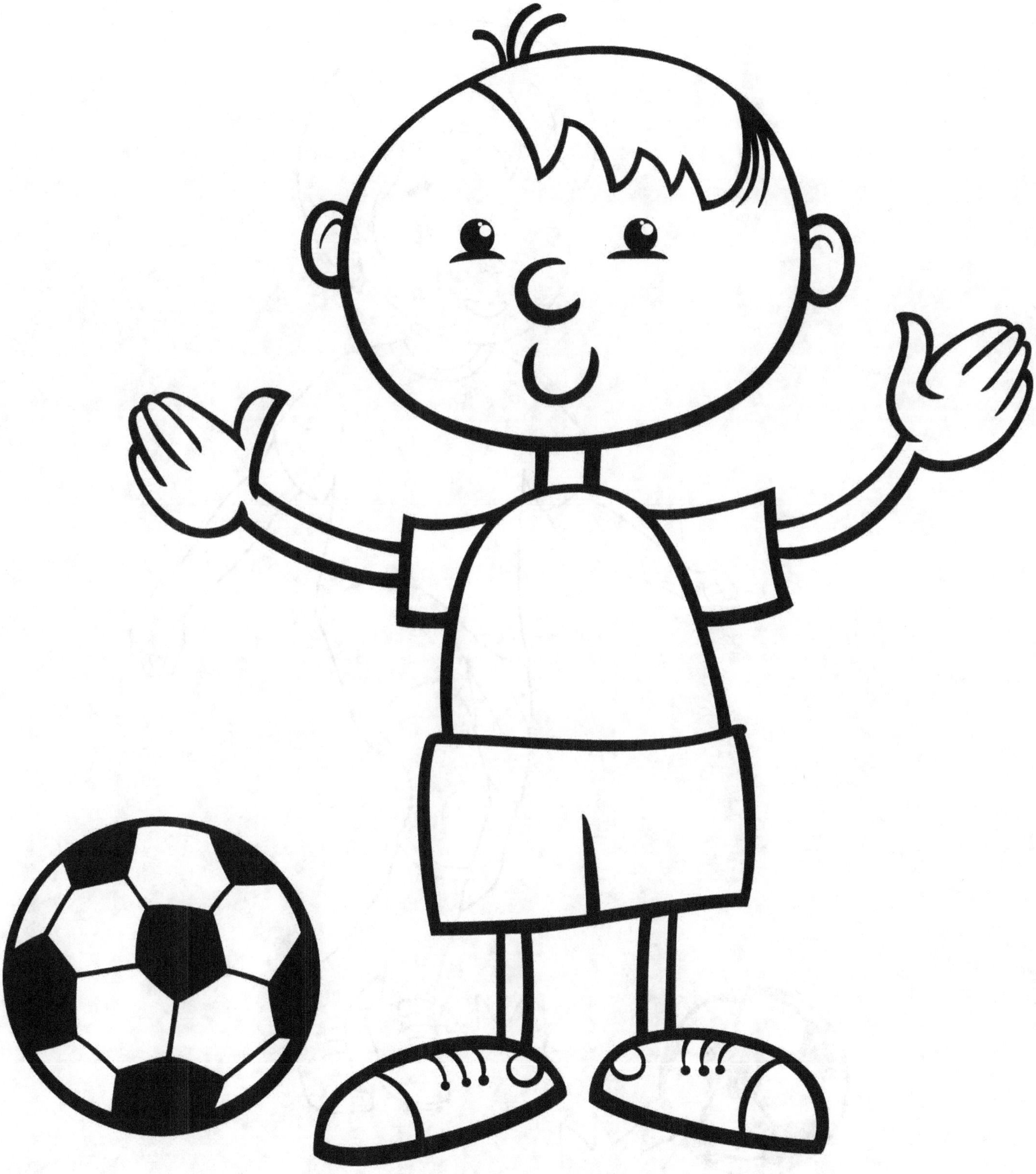

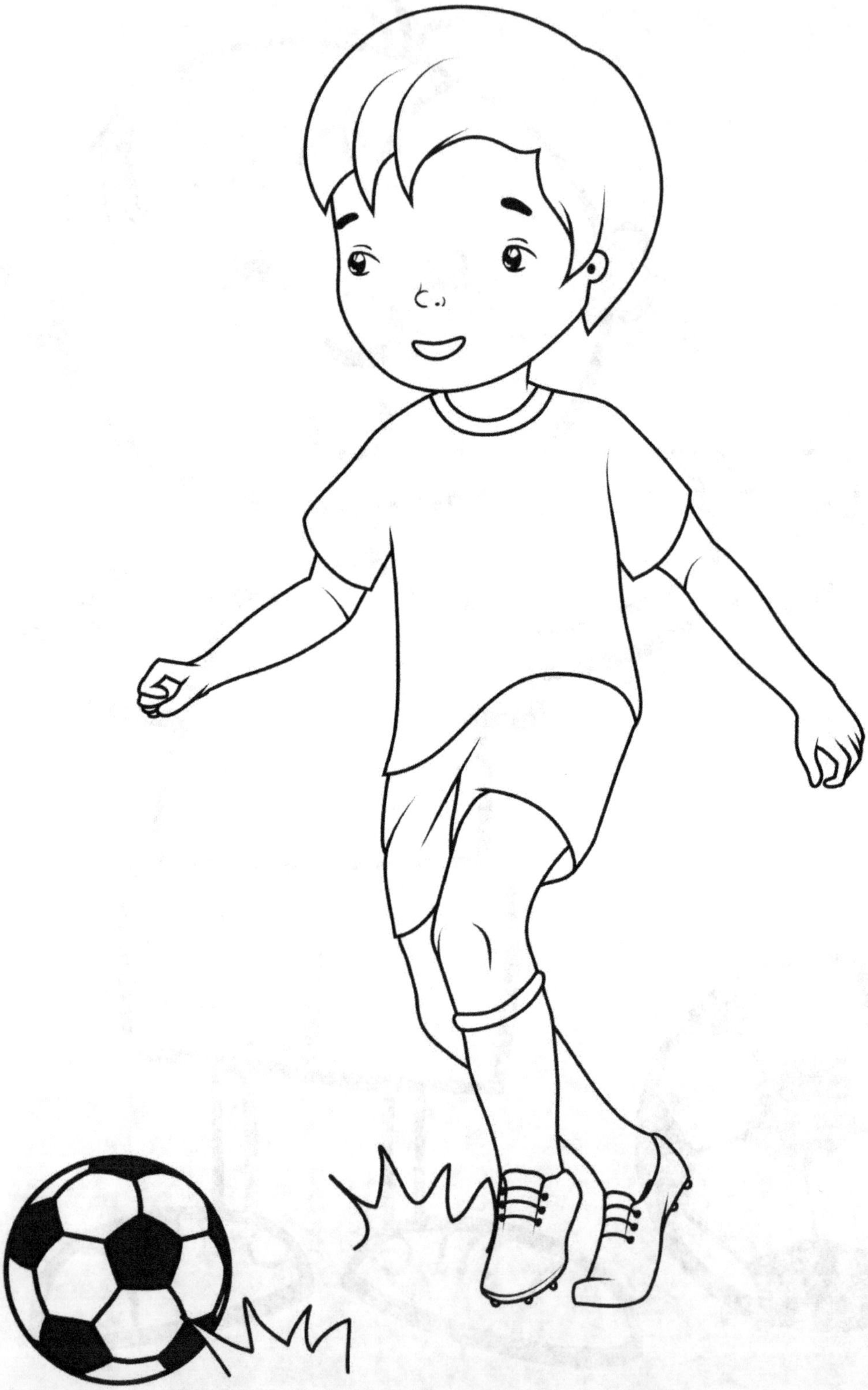

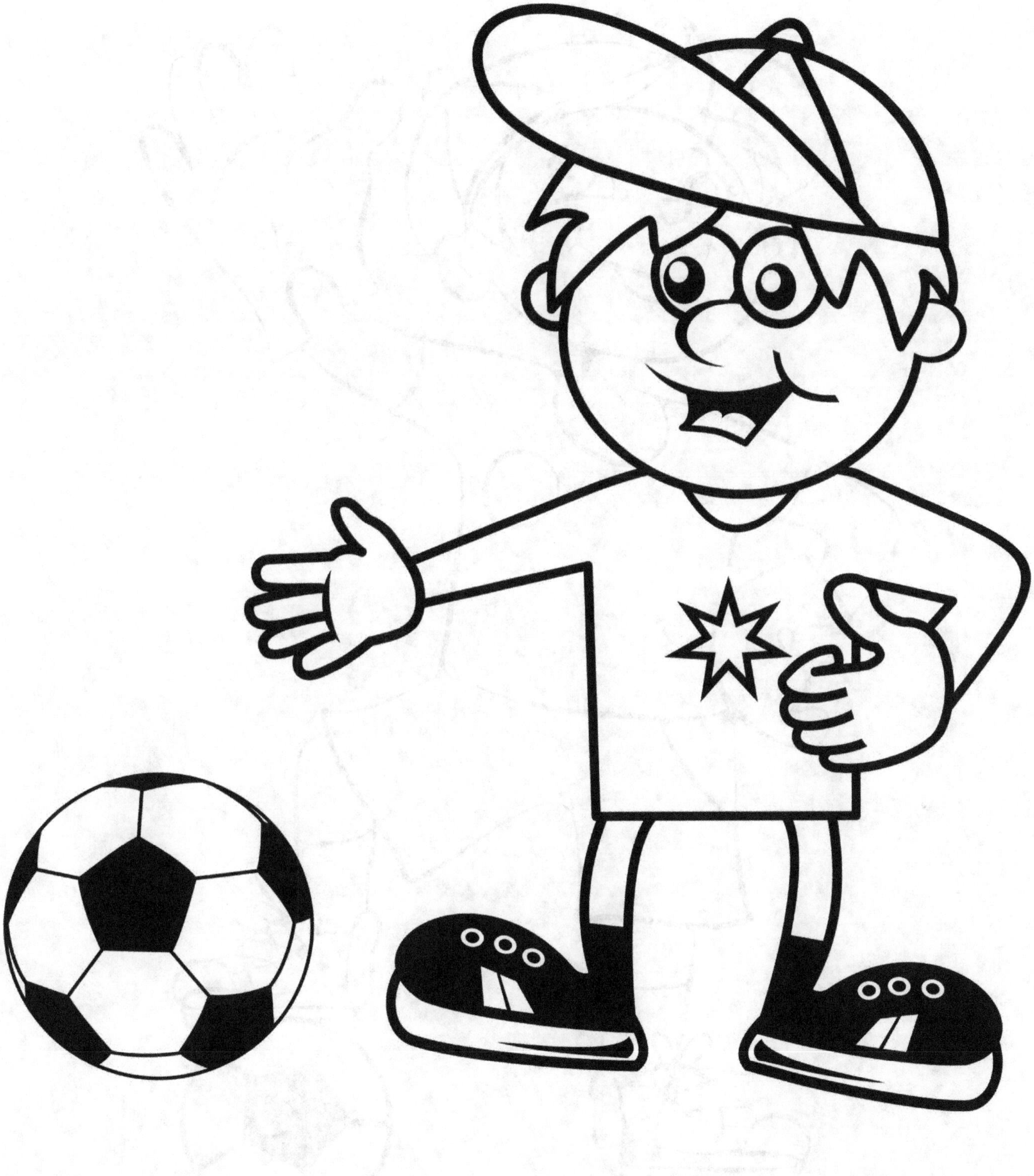

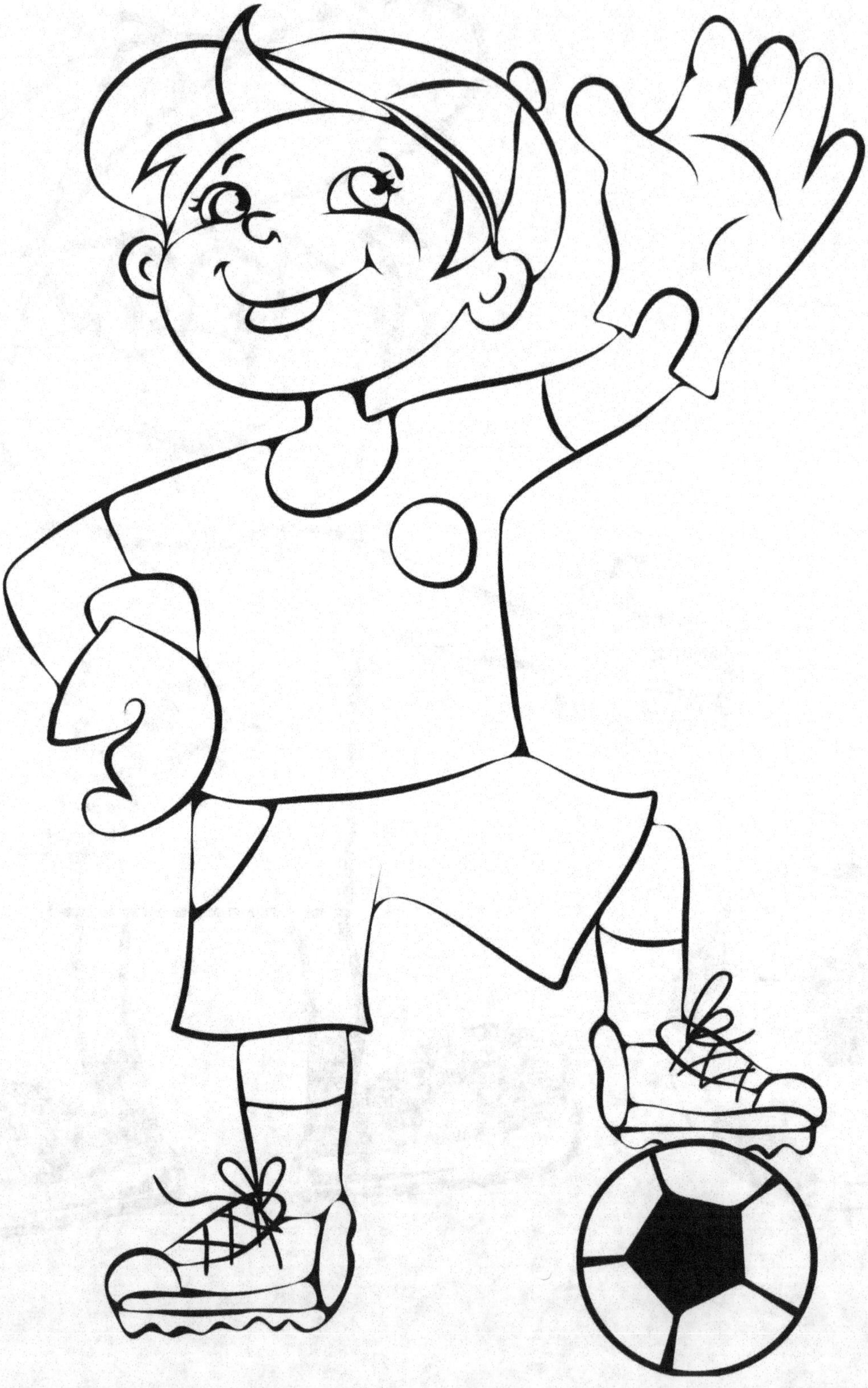

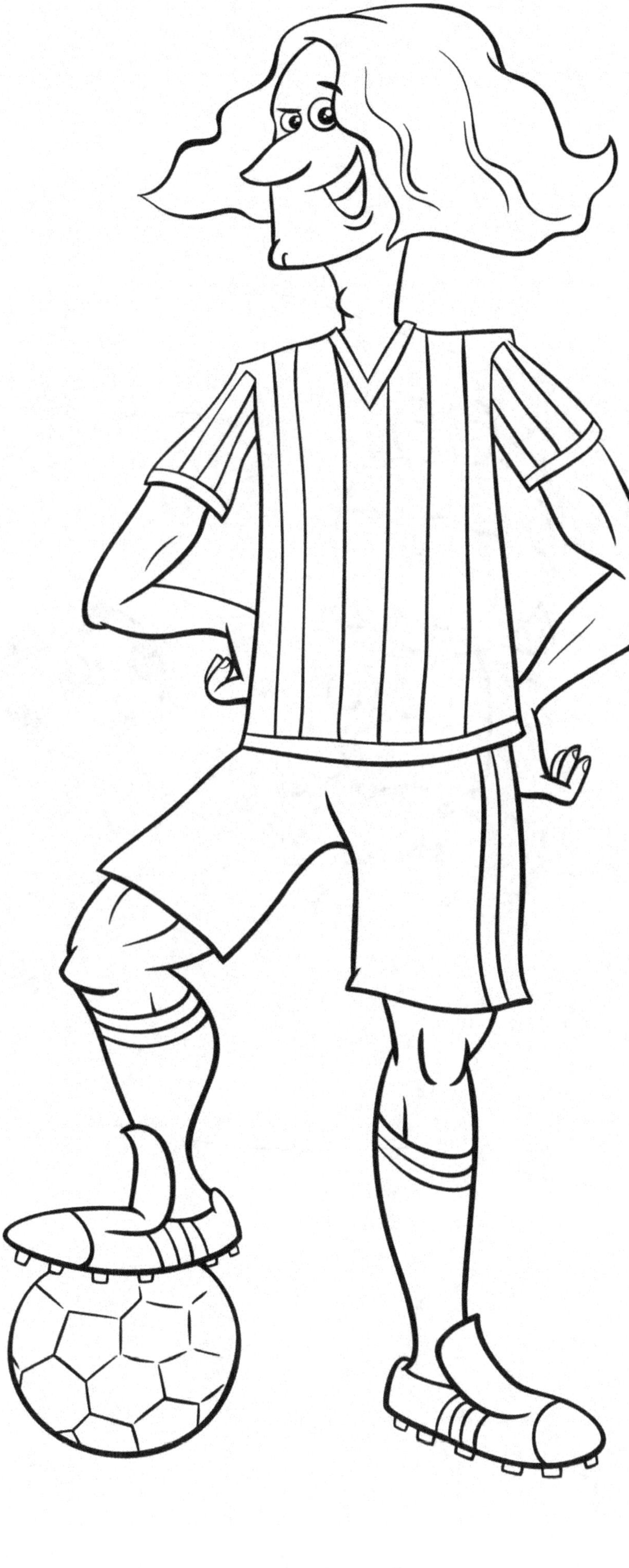

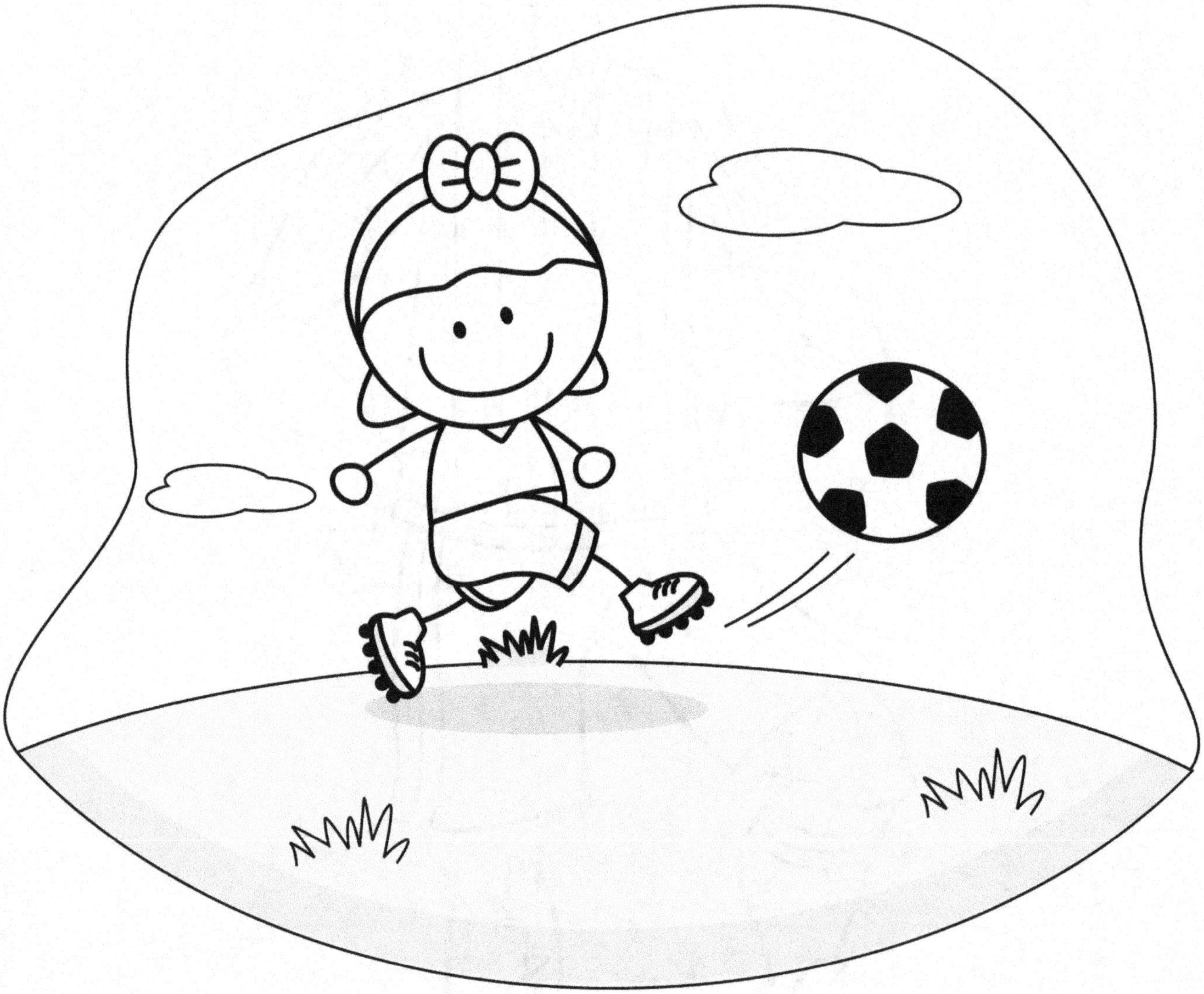

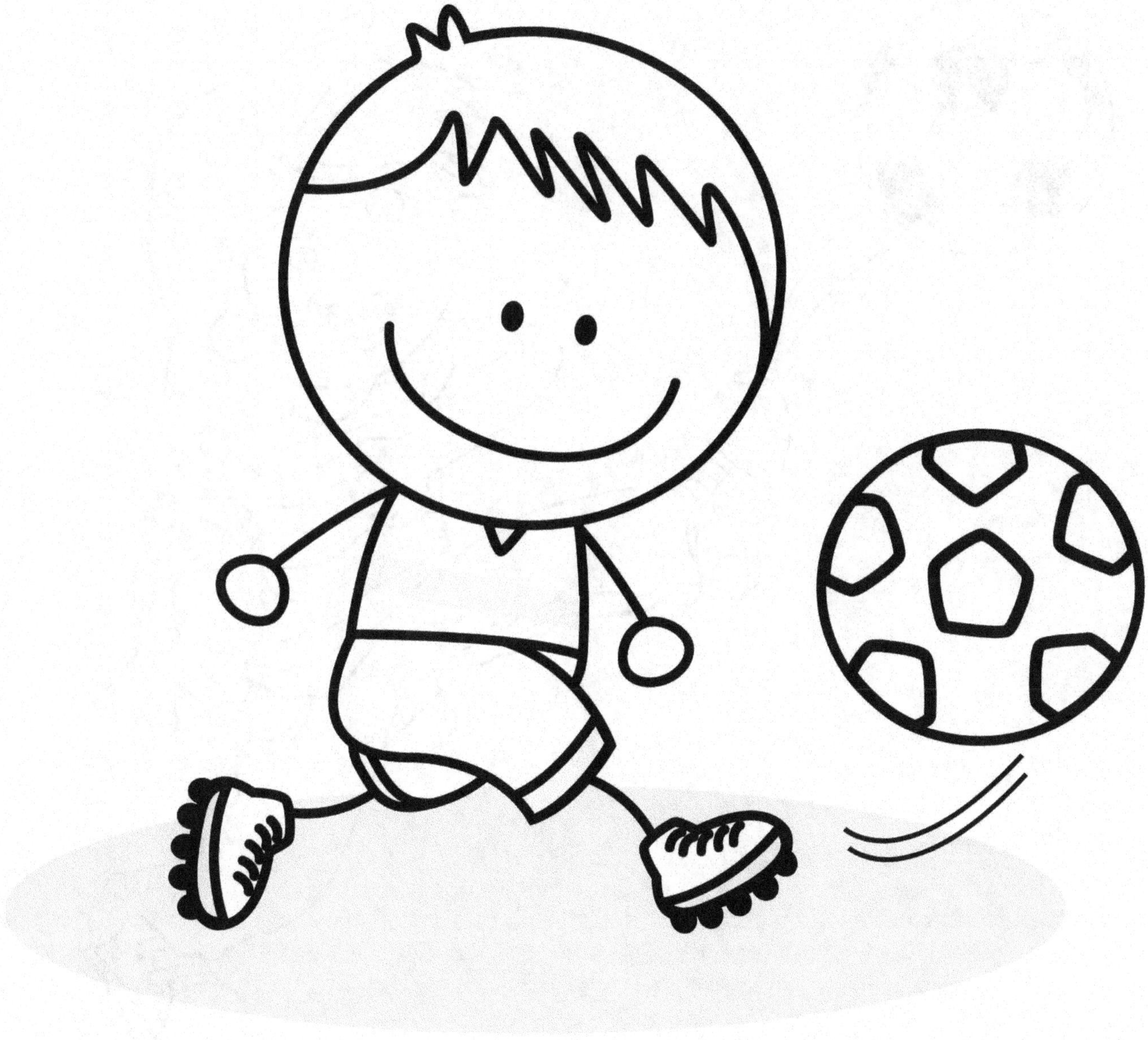

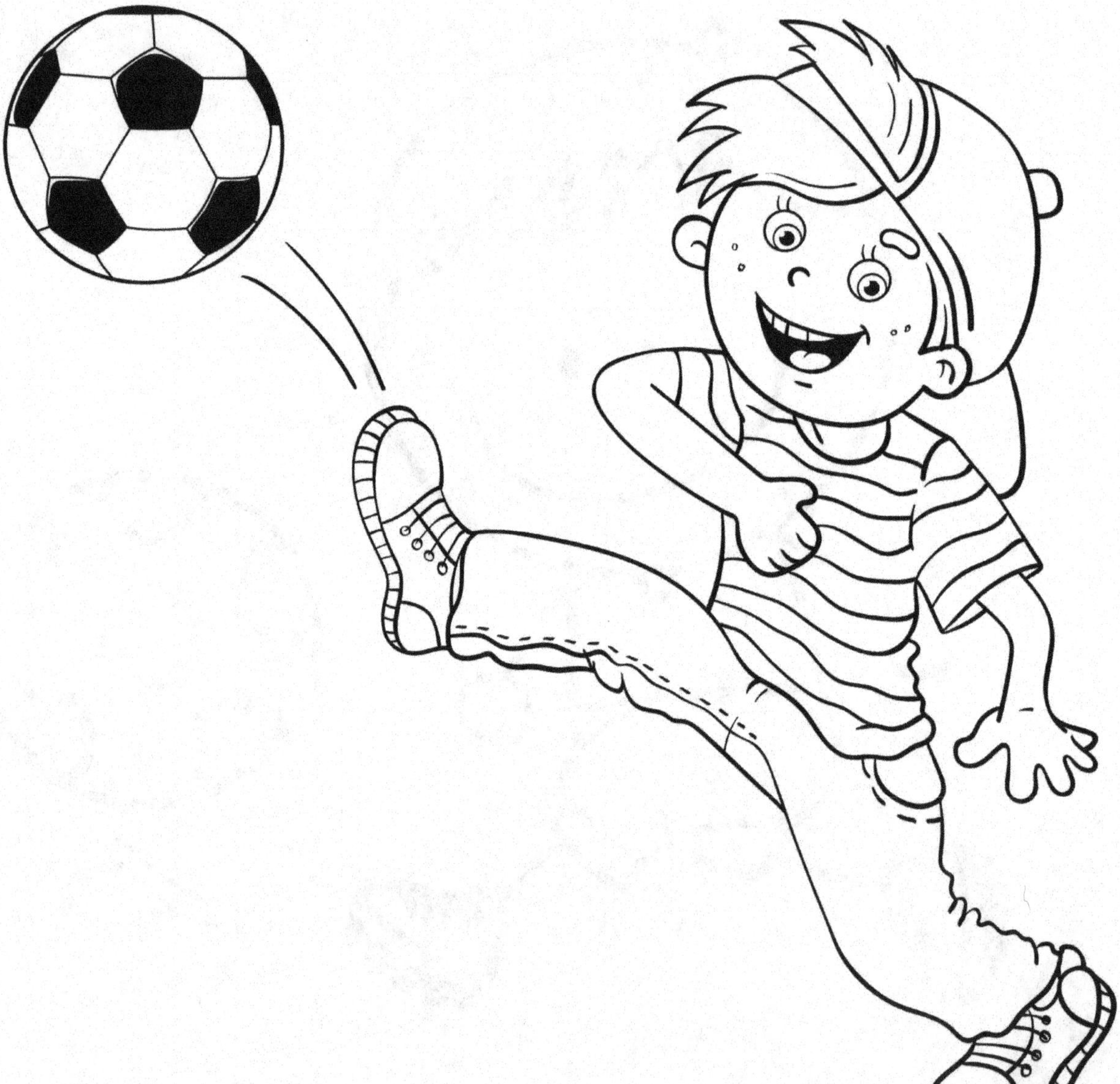

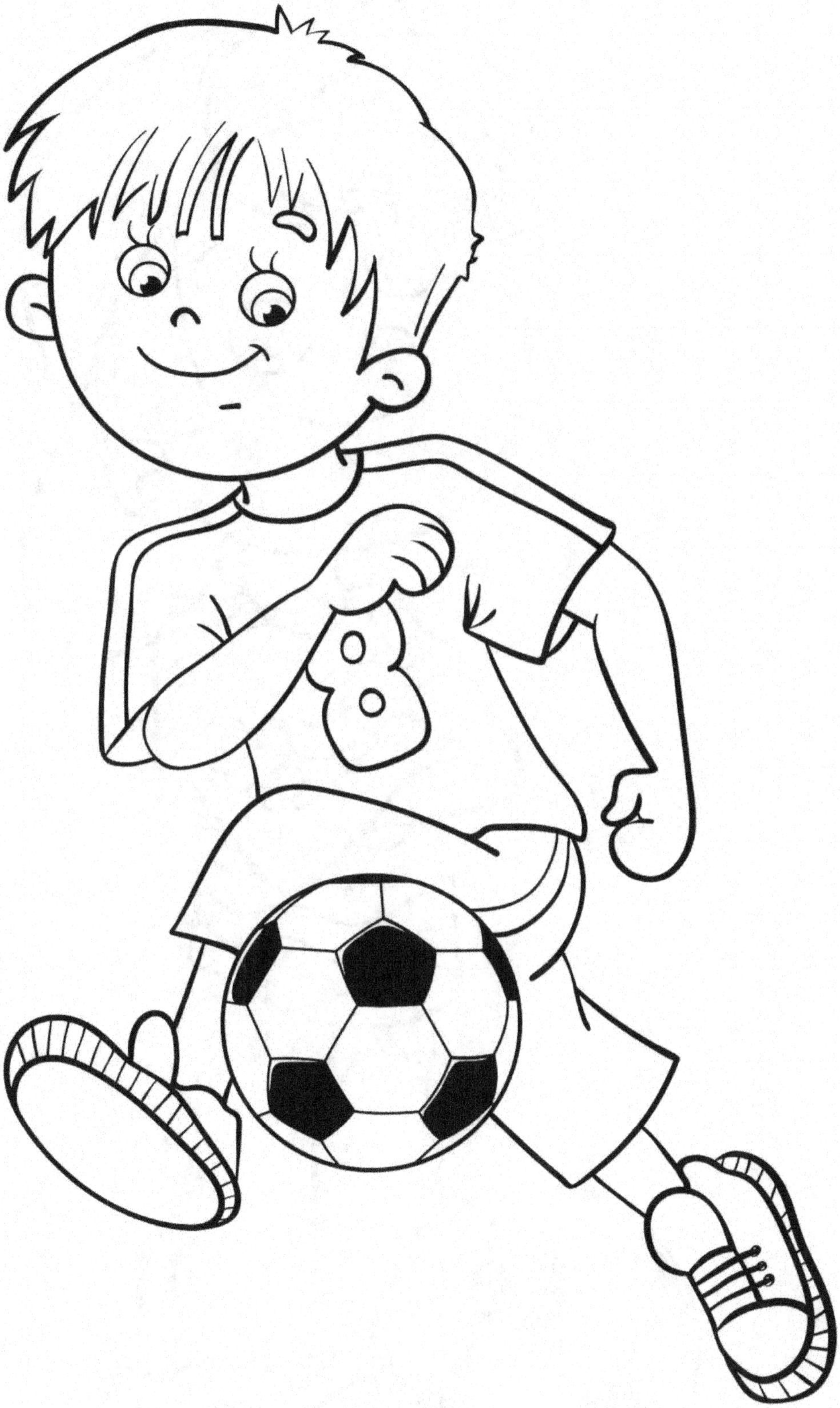

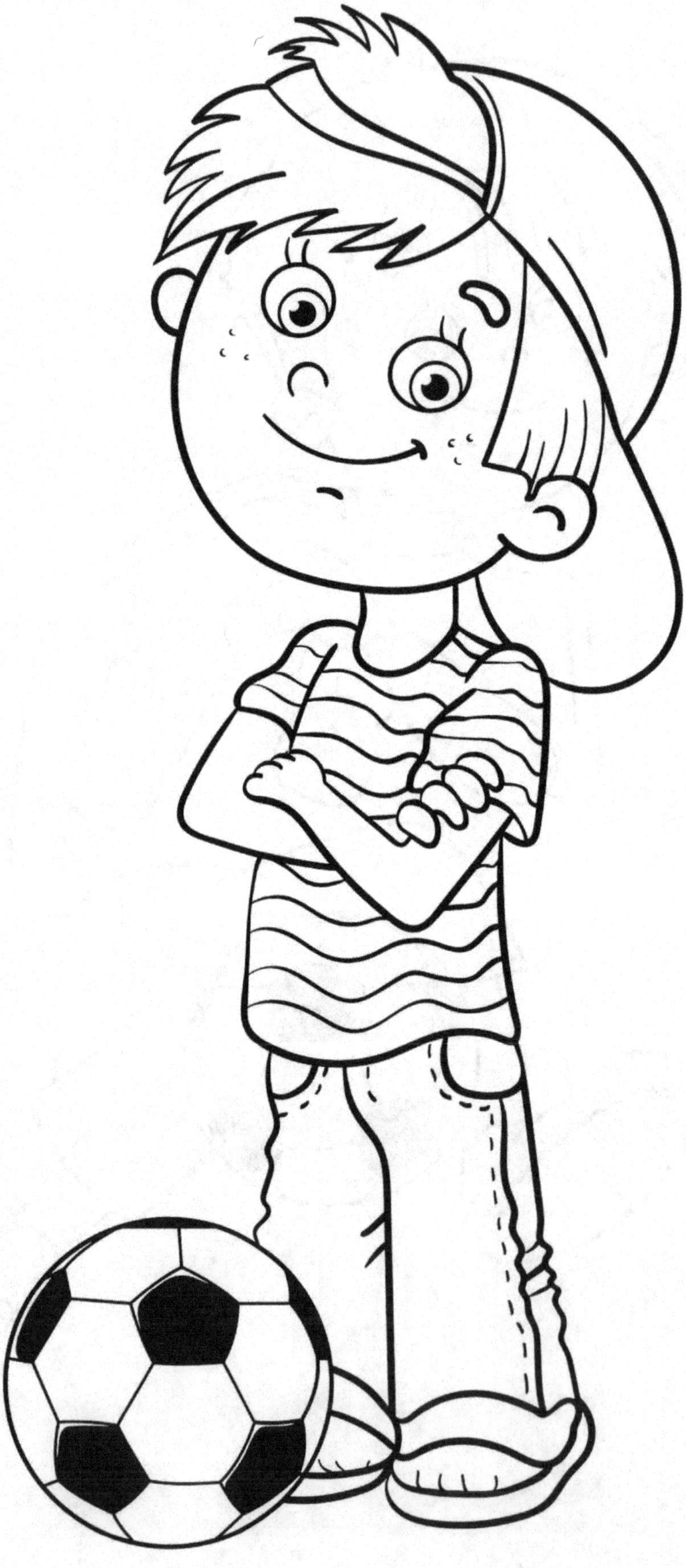

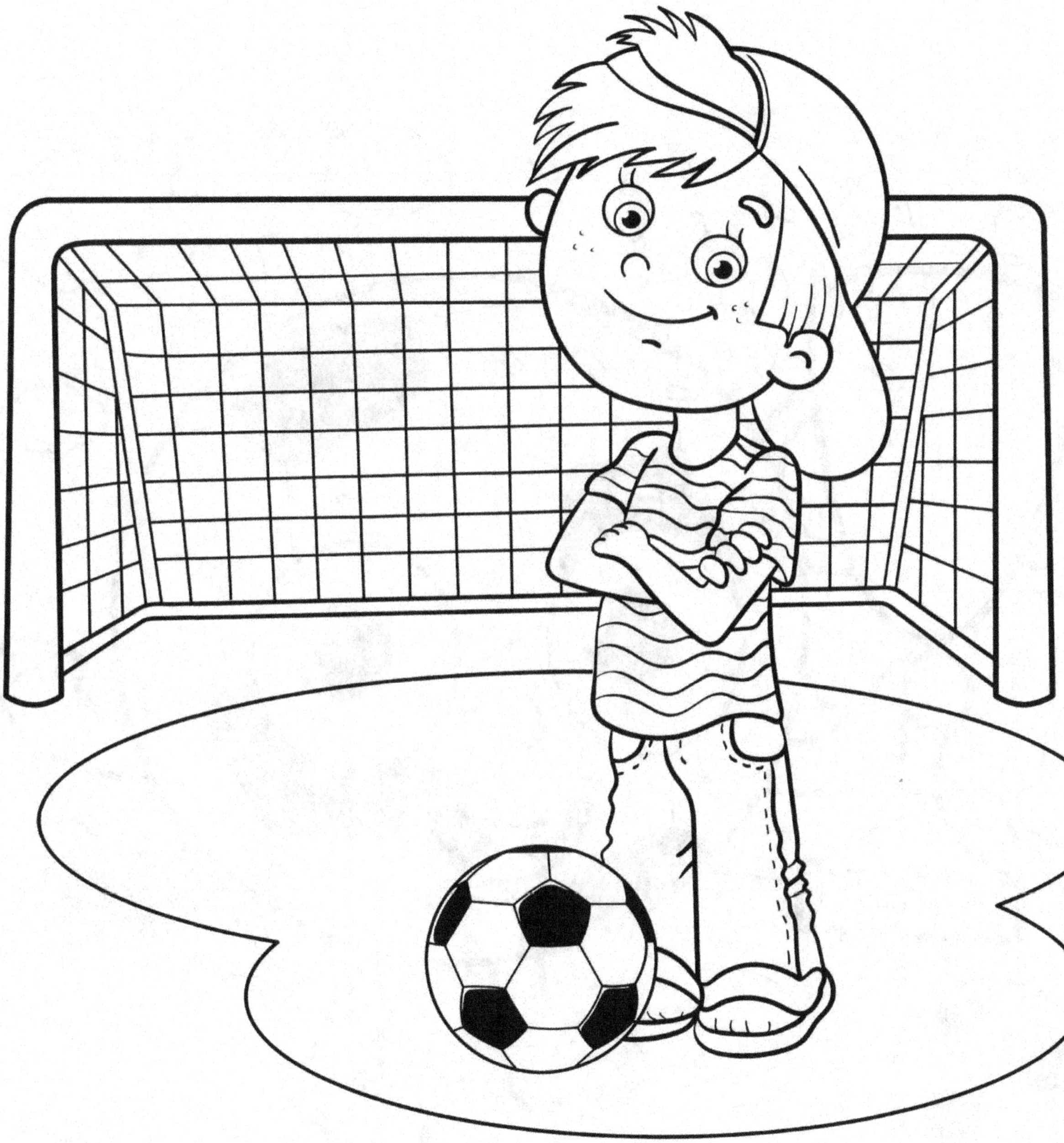

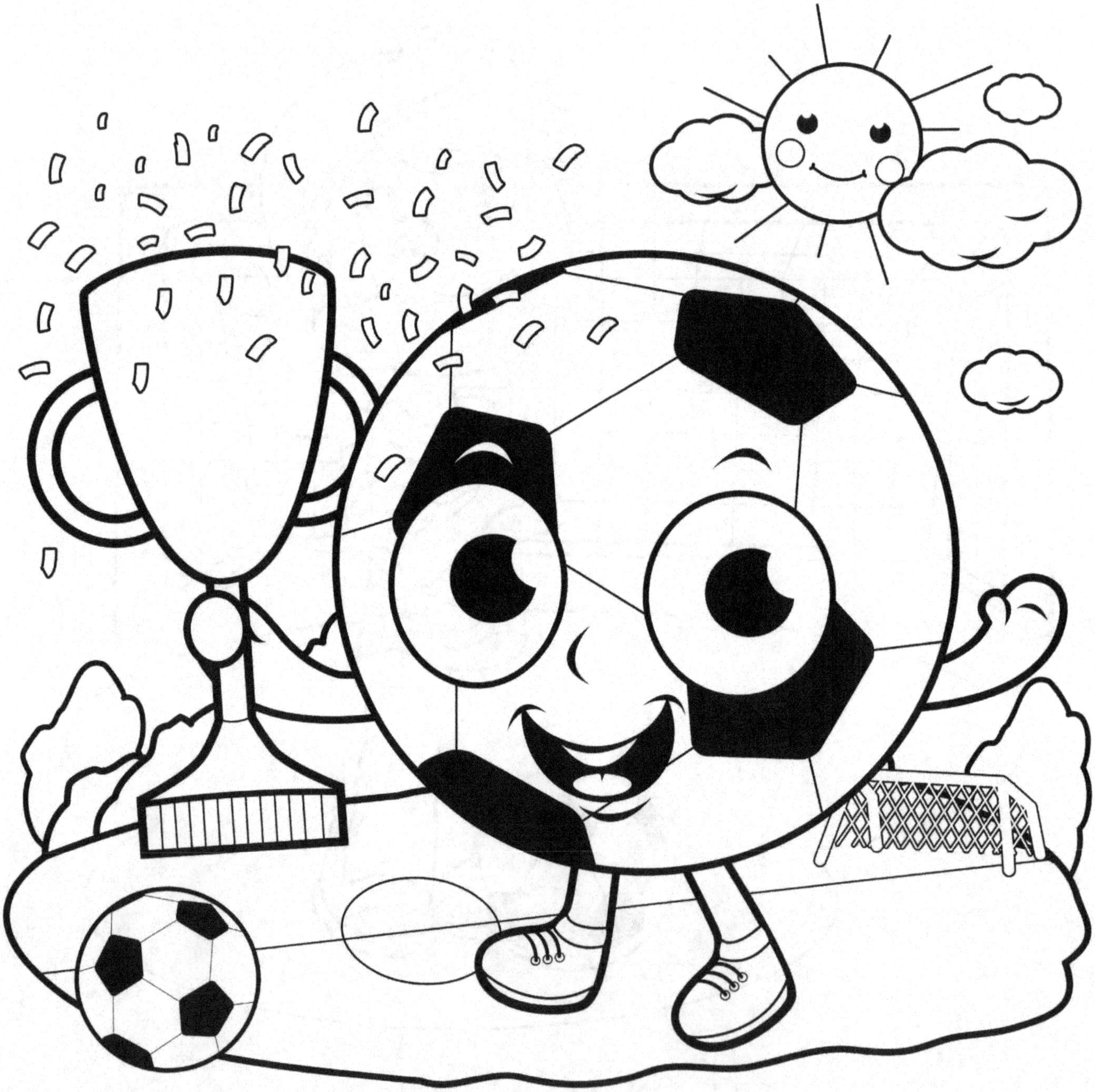

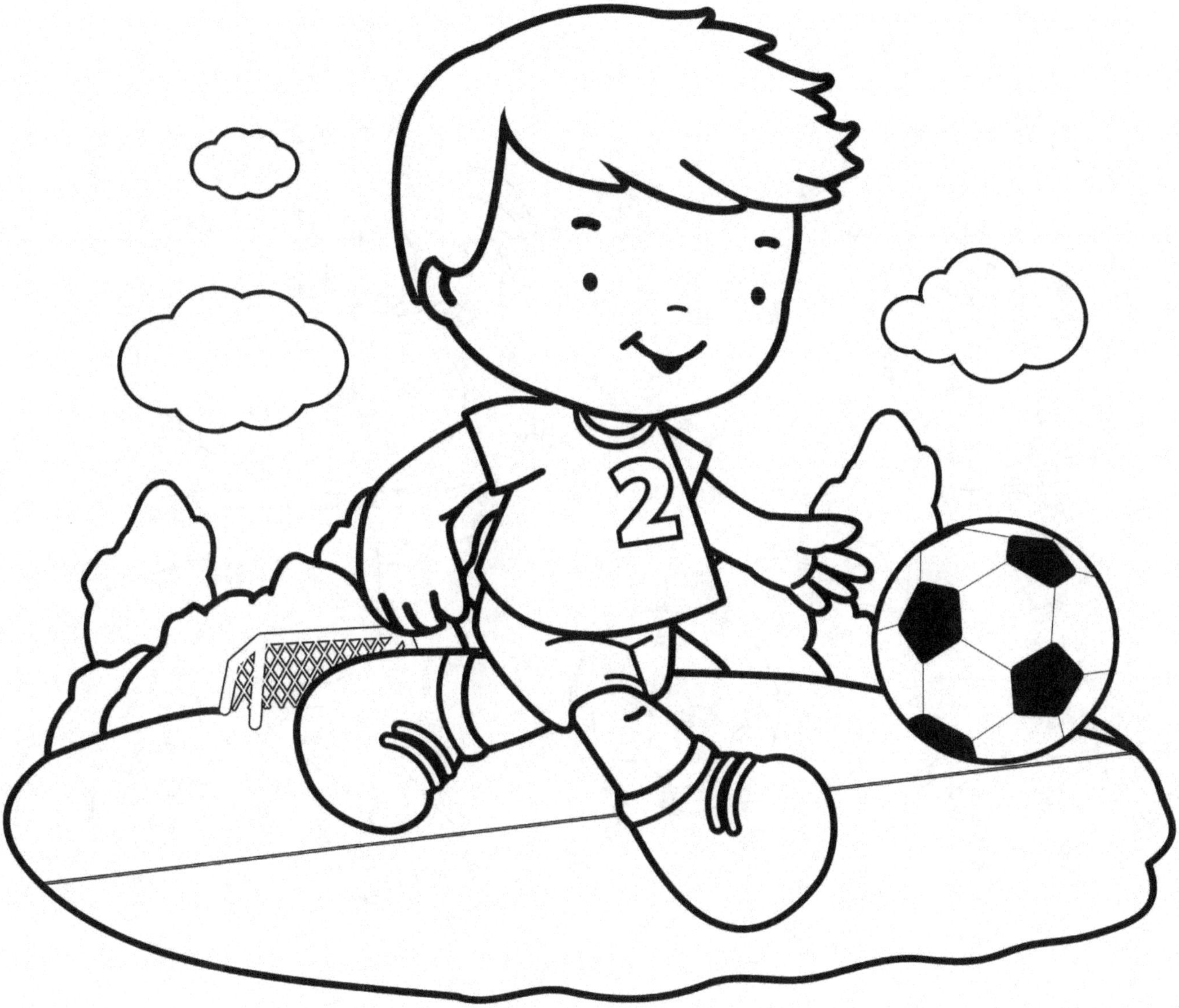
2

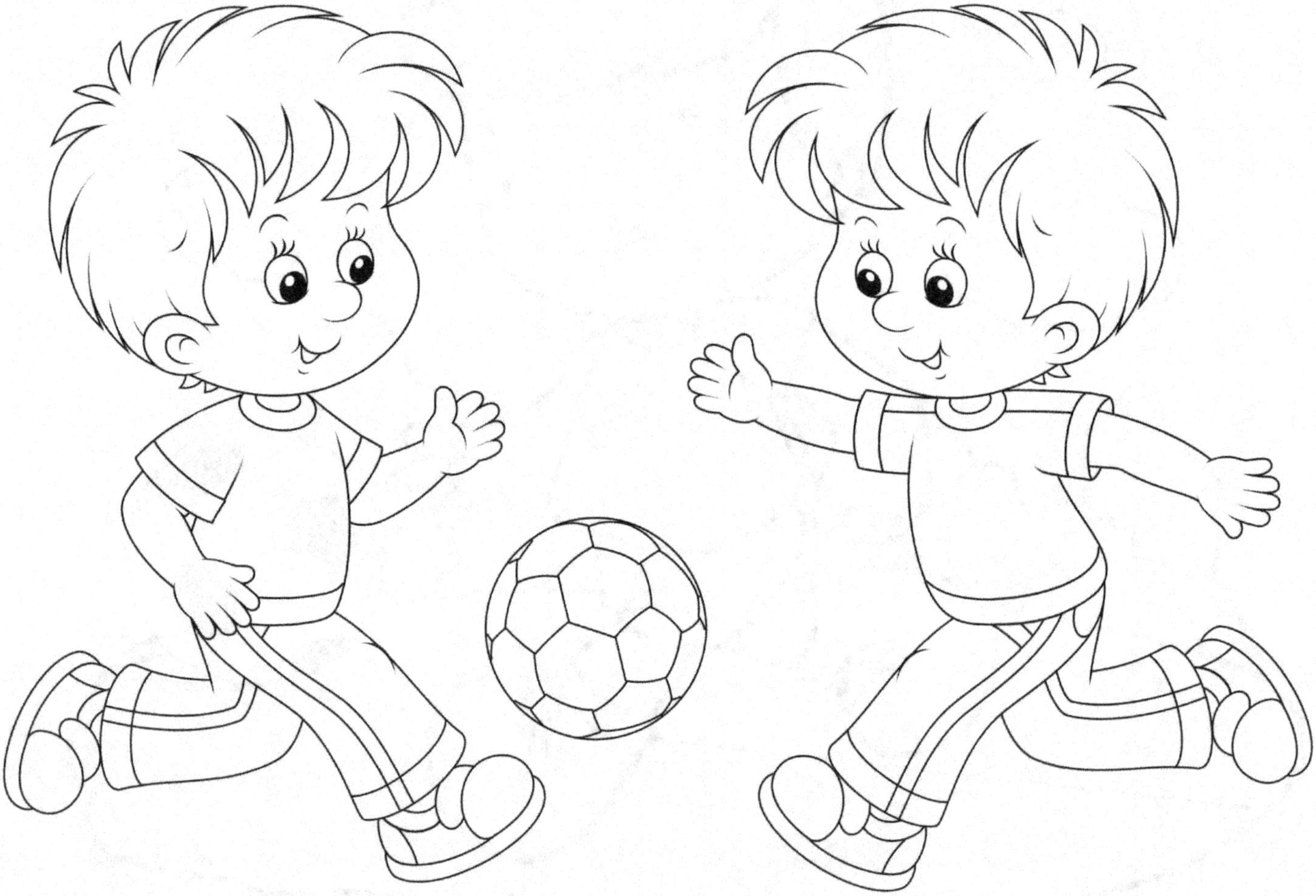

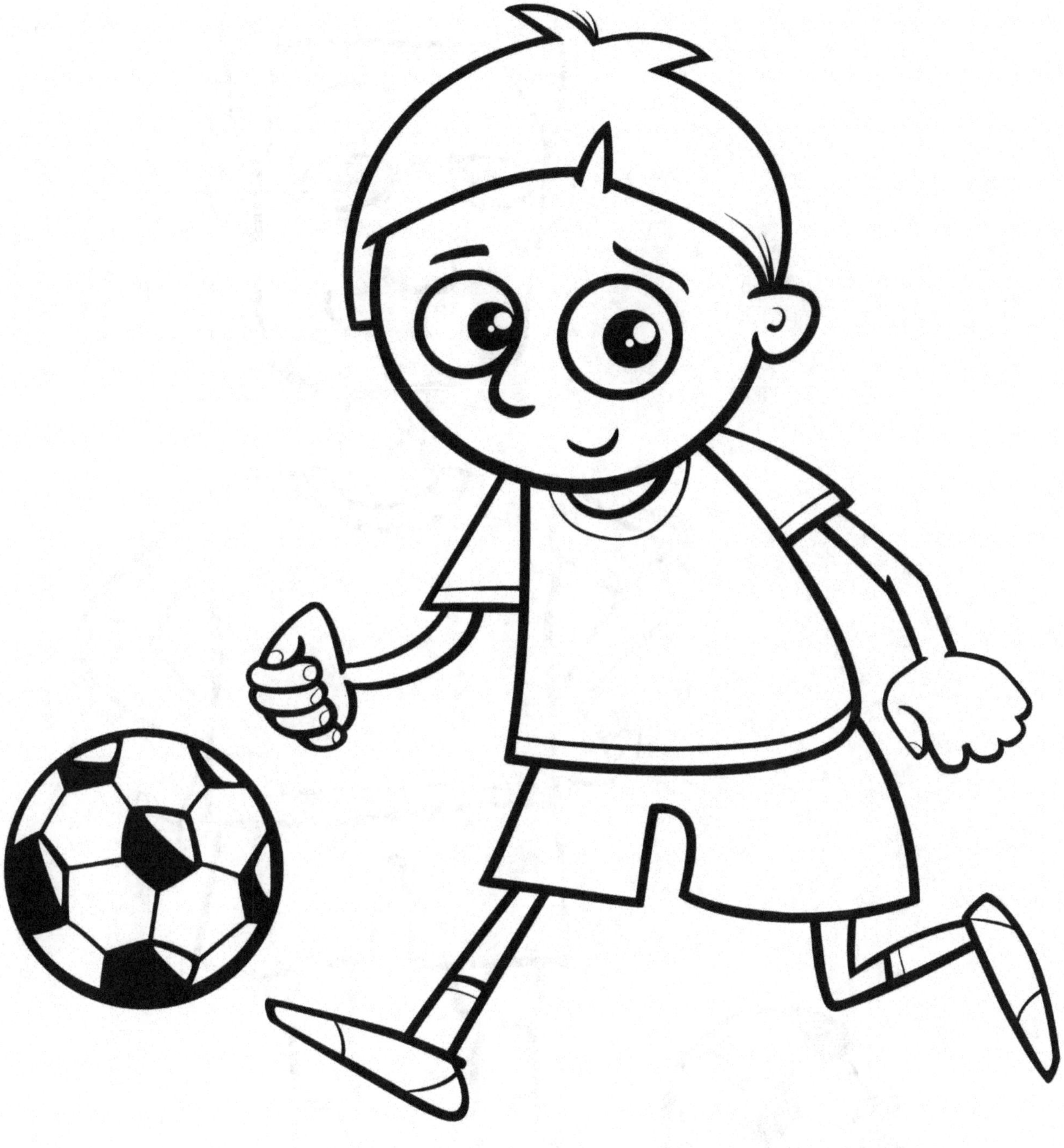

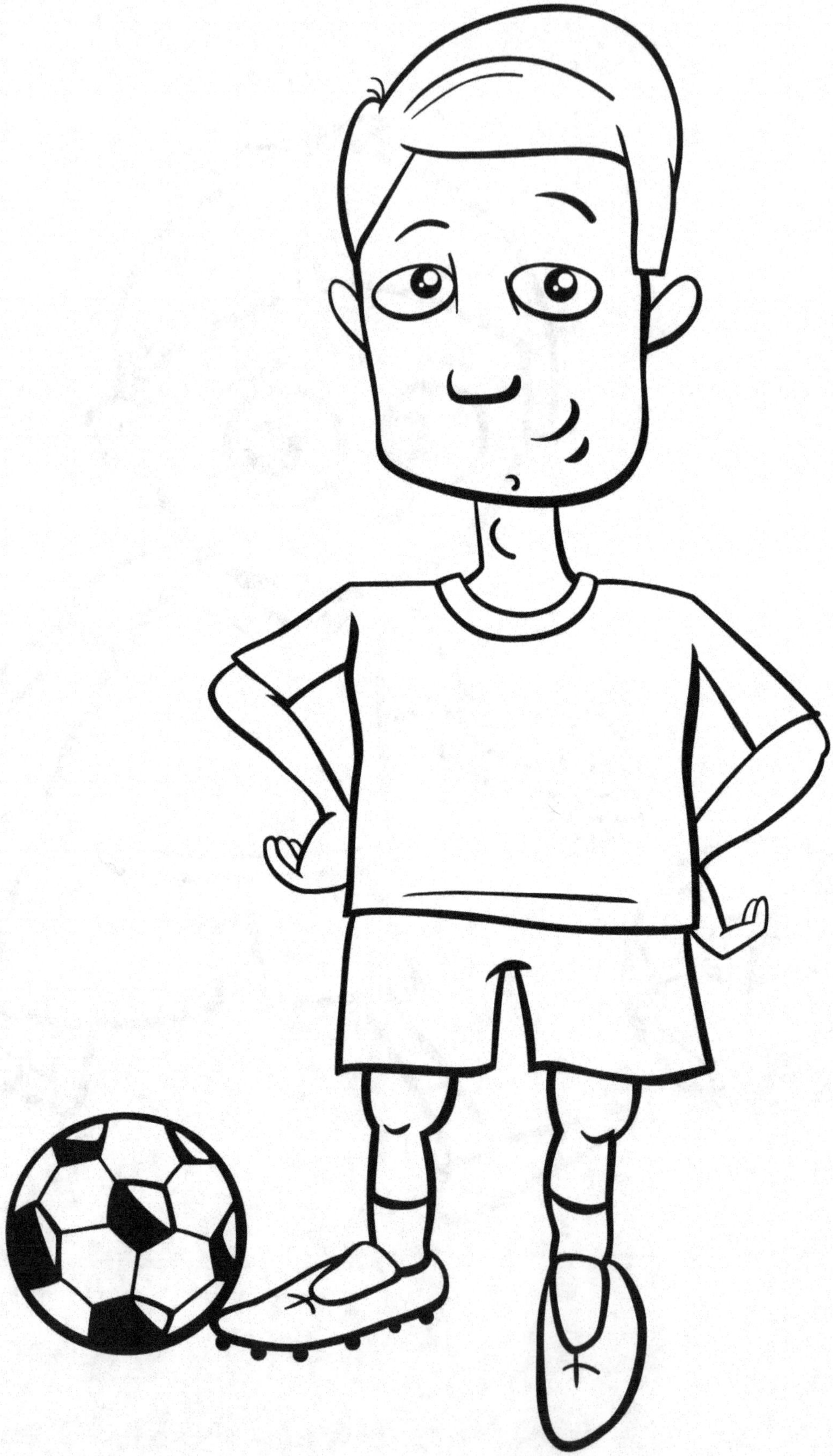

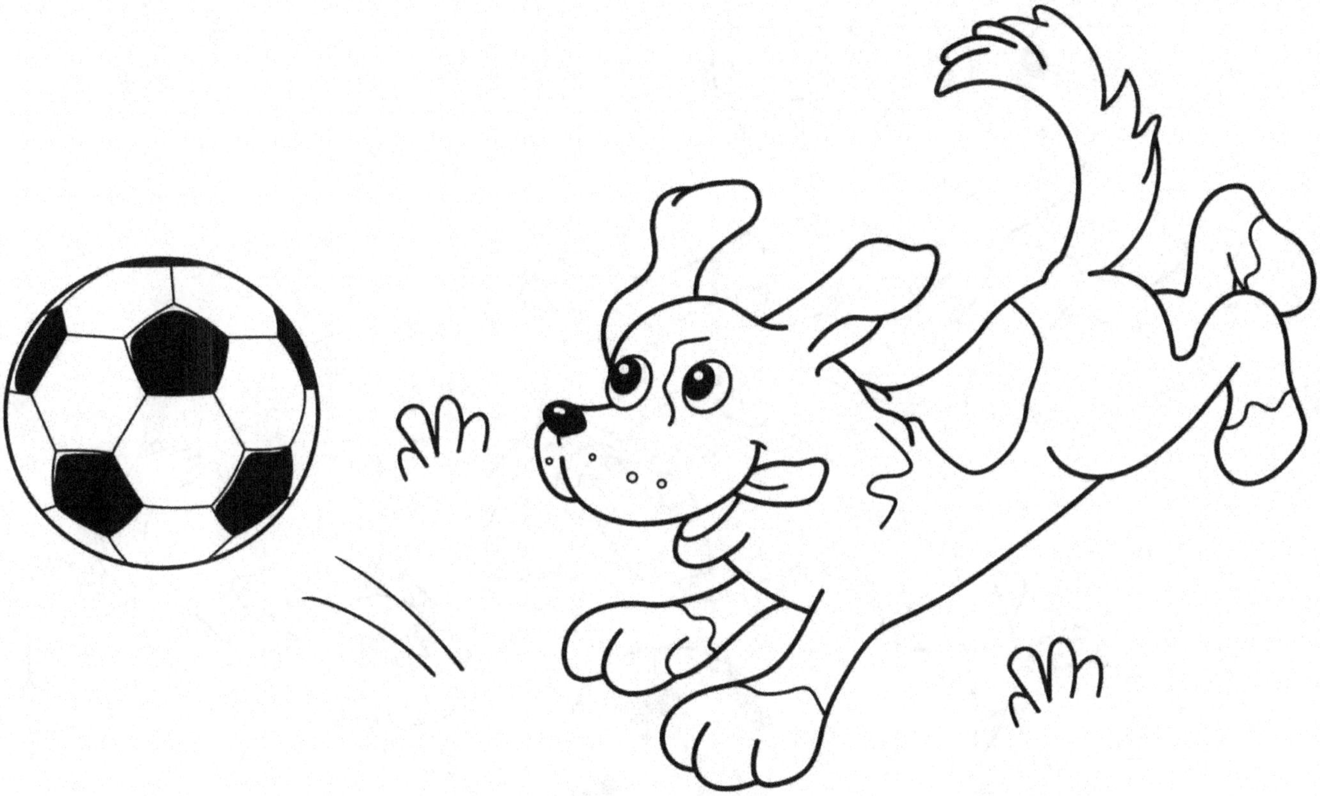

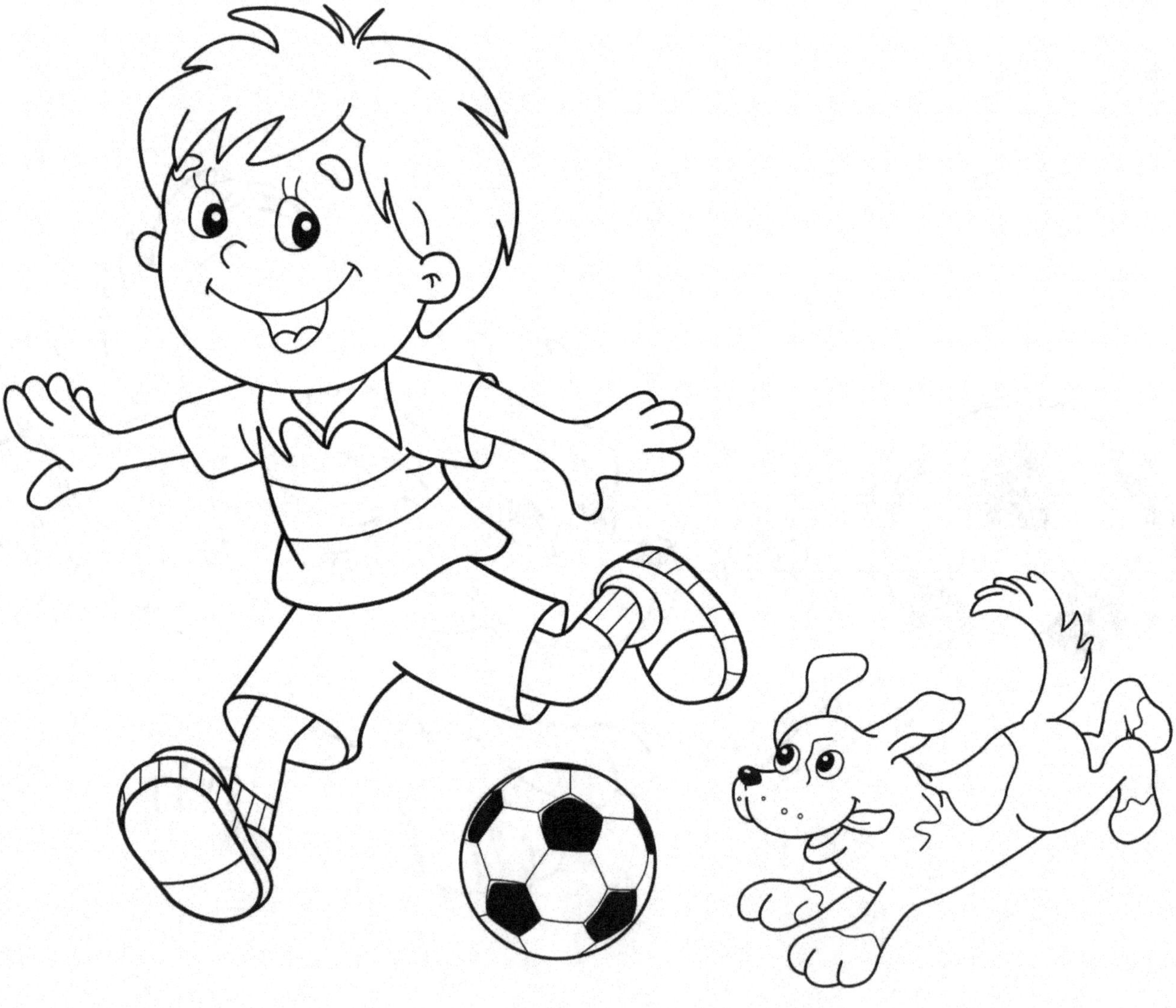

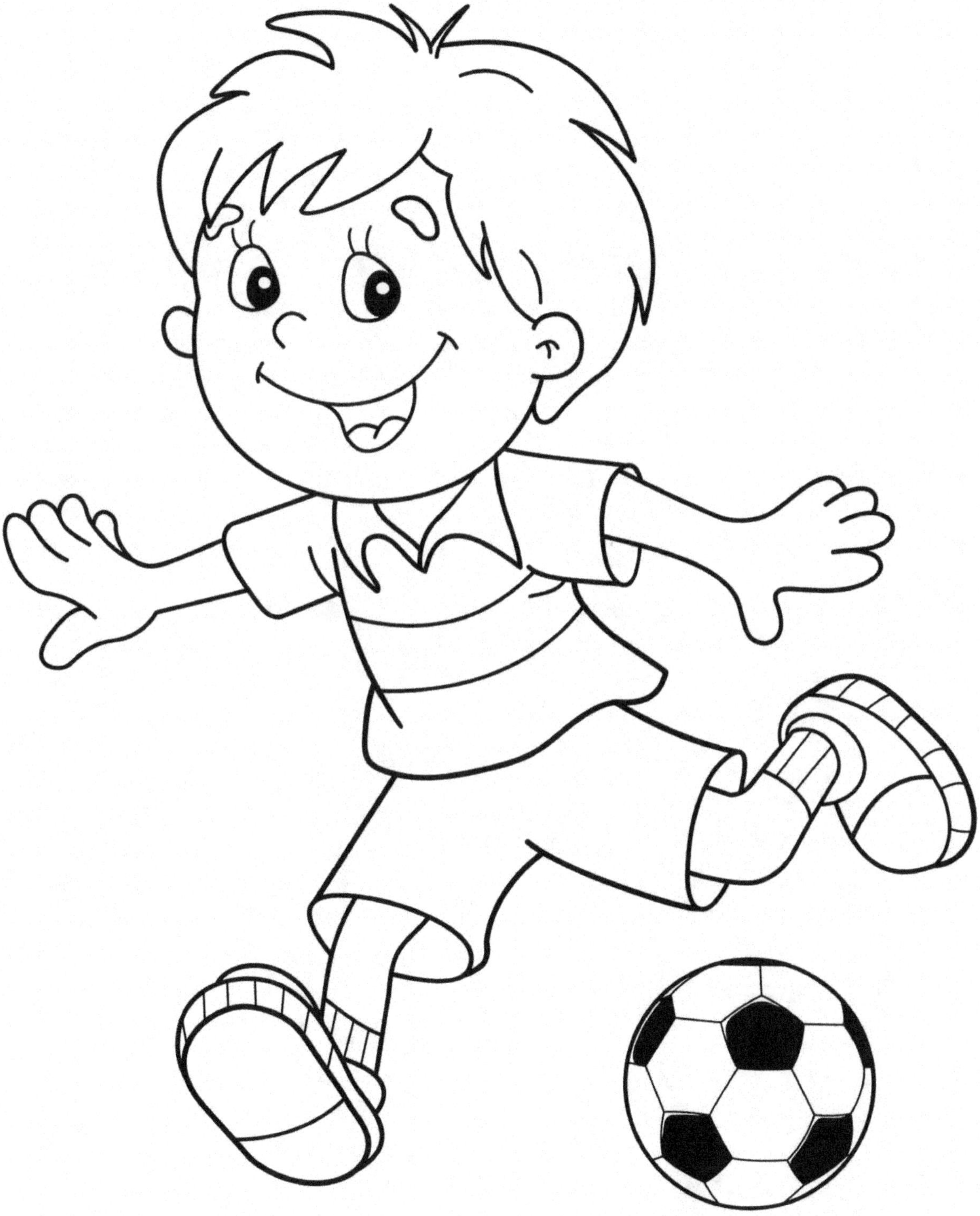

www.ingramcontent.com/pod-product-compliance
Lightning Source LLC
Chambersburg PA
CBHW082243060726
47598CB00016B/2761